穿越时空的中国长城

DK 总编辑 乔纳森 · 麦考夫

This stunning collaboration between Du Fei, one of China's most talented and imaginative illustrators, and DK, the world's leading illustrated reference book publisher, presents the story of the Great Wall of China, one of the seven wonders of the modern world, as never seen before. Once again, Du Fei has used his remarkable talents to reimagine the Great Wall through its 2,700-year history, his colourful and evocative images bringing the past vividly to life. From its origins as a series of defensive forts to protect China from northern tribesmen to its modern-day role as a leading tourist destination, the story of the Great Wall follows the foundation, expansion, destruction, and restoration of a fortification that has survived numerous dynasties. The majesty and scale of the wall are highlighted in the beautiful panoramic artworks that paint a unique visual history of one of the greatest man-made structures in history. Interweaving key events such as epic battles and the great building projects of the Qin and Ming dynasties with tales from everyday life – from festivities, games and rituals to trading, cooking and brick-making – this beautiful book is packed with detail that will fascinate and delight children and adults alike. Every illustration is surrounded by pull-out facts and anecdotes that add depth and interest to the scene depicted, and further increase the reader's understanding of Chinese history and culture.

DK is honoured to be associated with Du Fei's incredible work, and proud to be bringing a greater appreciation and knowledge of the Great Wall to the children of the world.

这是中国最具天赋和想象力的画家之一——杜飞与世界领先的图文工具书出版公司DK的第二次奇妙碰撞。这本书以前所未有的方式呈现了世界奇迹之一——中国长城的故事。杜飞再次用他非凡的天赋重现了2700年的长城历史。他创作的绘画色彩丰富，生动地再现了过去的场景。从最初抵御北方游牧民族的防御堡垒，到现今的旅游胜地，长城历经多个朝代的建造、增筑、毁坏与重建，并最终留存下来。长城的雄伟与规模在这些美丽的全景绘画中展现得淋漓尽致。这些画从独特的视角描绘了历史上最伟大的建筑物之一。书中的长城与重要事件交织在一起，如改变历史的战争、秦长城的建造过程和明朝人的日常生活等。这本精美的书还包含丰富的细节，如节日、游戏、习俗、贸易、烹饪和制砖工序等，一定能让孩子和大人着迷。每幅画周围都有事件讲解与典故，能够拓展画中场景的内容深度并增加趣味性，有助于读者更深入地理解中国的历史与文化。

DK很荣幸能够与杜飞合作这本不可思议的作品，也很自豪能将关于长城的更多阐释和知识带给全世界的孩子们。

乔纳森·麦考夫

穿越时空的中国长城

沿世界上最伟大的长城来一次跨越2700年的旅行，穿越时空看不一样的中国

杜飞 绘

中国大百科全书出版社

Original Title:
The Great Wall Through Time: A 2,700-Year Journey Along the World's Greatest Wall

北京市版权登记号：图字01-2021-6160

图书在版编目（CIP）数据

穿越时空的中国长城/英国DK公司编著. --北京：中国大百科全书出版社，2022.1
（DK穿越时空的中国）
书名原文：The Great Wall Through Time: A 2,700-Year Journey Along the World's Greatest Wall
ISBN 978-7-5202-1053-9

Ⅰ.①穿… Ⅱ.①英… Ⅲ.①长城－儿童读物 Ⅳ.①K928.77-49

中国版本图书馆CIP数据核字（2021）第228908号

绘　　画：杜　飞
顾　　问：威廉·林赛

专业审定：于　冰

策 划 人：杨　振
项目统筹：田　祎
故事脚本：王江山
责任编辑：应世澄
封面设计：鲍　瑶

穿越时空的中国长城
中国大百科全书出版社出版发行
（北京阜成门北大街 17 号　邮编 100037）
http://www.ecph.com.cn
新华书店经销
当纳利（广东）印务有限公司印制
开本：889 毫米 ×1194 毫米　1/8　印张：6.5
2022 年 1 月第 1 版　2022 年 1 月第 1 次印刷
ISBN 978-7-5202-1053-9
定价：158.00 元

For the curious
www.dk.com

目录

中国长城的故事

中国的长城是以城墙为主体，由敌台、烽火台、关隘、堡等多种工事组成的线性军事防御体系，用来阻隔敌军。历史上先后有多个诸侯国及王朝修筑过长城。秦灭六国后，将分散的长城连为一体，建成“万里长城”。

这道在中国北方无尽延展的墙，见证了从春秋战国时期开始，中国社会在长达2700年间发生的重大政治、经济、军事、文化、外交等方面的历史事件。起初，各诸侯国为相互防御及抵御北方游牧民族的

时空旅行的小狐狸

这是小狐狸红玉。跟大多数狐狸一样，红玉聪明、狡猾，而且总是感觉很饿。红玉有一个秘密，那就是它能穿越时空！红玉藏在这本书的每幅图中，你能找到它吗？答案在第52页。

侵扰而筑起长城。秦始皇一统天下后，大规模修筑长城以抵御匈奴。后来随着时代变迁，长城拥有了其他用途。军队可以沿长城运输物资，延伸至西域的汉长城还起着开发西域、保护通往中亚的交通大道丝绸之路的作用，长城上的关隘还成为向进出口货物征收税款的关卡。

今天，留存下来的大部分长城已成为废墟，但仍有一些部分保存情况较好，它们共同组成了世界上最长的建筑物。

翻开书页，在一些关键历史时刻停留。你将见证史诗般的战争，遇见各色人物，包括帝王将相以及建造长城的工匠、赶路的商人、游戏的儿童、洲际赛车手等。探索这令人叹为观止的古代奇迹，与我们一起享受这段穿越时空的旅程吧！

楚方城有大大小小许多方形城台和烽火台。

楚方城居高临下，易守难攻，可屯兵储粮、互市通商，还可以传递消息、快速调动军队。

最早的长城

河南楚方城，公元前656年

春秋时期，为了防御诸侯的攻击，楚国修筑了“方城”。这是最早的长城，此后被其他诸侯国相继效仿。公元前656年春，齐国国君齐桓公联合诸侯伐楚。面对楚国方城坚固的防御，齐桓公只得收兵。和谈之后，诸侯国与楚国缔结了盟约。

烽火台
烽火台
方形城台
垛口
鲁国军队
齐国军队
齐桓公
屈完
驷
戎车
执戟的士兵
持弓的士兵
战车

楚方城以天然石块为材料，错缝垒砌而成。

其中一辆战车上插着一把战斧。你能找到它吗？

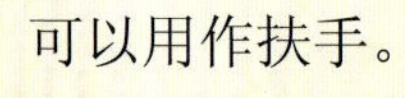
古代马车前方的横木叫作轼，可以用作扶手。

齐桓公与楚国使臣屈完同乘一辆战车检阅诸侯联军。

士兵穿着皮革做成的盔甲。

在墙顶迎敌的一侧筑有品字形垛墙，用作瞭望敌情和射击敌人时的掩护。

士兵

方形城台

礌石孔

品字形垛墙

门楣

郑国军队

陈国军队

曹国军队

楚国战车

轼

战车

垛口的下方设有礌石孔，用于投放礌石，打击敌人。

数一数，图中有几辆战车？

古代旗帜上常能见到动物图腾。

战车是中国古代战争中用于攻守的车辆，是春秋时期军队的主要装备。

大块石料需要几人合力才能抬起。

蒙恬是秦朝大将军，曾北逐匈奴，监修长城。

在地势陡峭的地方，人们用牲口驮运石块。

秦始皇筑长城

内蒙古秦长城，公元前210年

公元前3世纪末，强大的北方游牧民族匈奴登上了历史舞台。刚完成统一大业的秦始皇嬴政，派长子扶苏协助大将军蒙恬修筑长城，以抵御匈奴。连接起来的长城蜿蜒万里，始有“万里长城”之称。孟姜女的民间故事体现的就是修筑长城的艰辛与苦难。

有些民夫不堪重负，累晕过去。你能找到那个被同伴背着的民夫吗？

孟姜女来到长城边打听丈夫的下落。

百工手持规和矩，负责施工现场的测绘工作。

监工手持皮鞭，监督民夫们干活。

扶苏的马车上装有伞盖，伞座与伞柄可以灵活装卸。伞盖既可以防尘防晒，又可以在遇到危险时用作盾。

宦官给扶苏带来一个不幸的消息——秦始皇病逝。

你能找到那个摔倒的民夫吗？

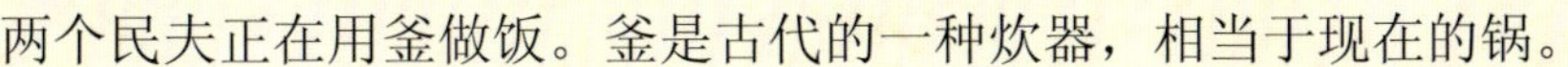

两个民夫正在用釜做饭。釜是古代的一种炊器，相当于现在的锅。

这些骑兵的盔甲较轻。他们在战场上能够随机应变，承担突袭、支援等任务。

古代军队出征，主帅身旁会竖起帅旗，叫作大纛，是士气的汇聚点。

赵长城分南、北两道，其中赵北长城是战国时期的赵国国君赵武灵王下令修筑的，墙体大多由夯土筑成。

执戟郎是古代警卫宫门的下级武官。

你能找到那个手握斧头的汉军士兵吗？

大纛

赵长城

汉军营帐

生火取暖

汉军帅帐

刘邦

陈平

执戟郎

双弧盾牌

娄敬

匈奴骑兵

装满金银珠宝
的马车

娄敬出使匈奴后认为其中有诈，反对继续追击。但刘邦一意孤行，结果中了匈奴的诱兵之计。

谋士陈平为刘邦出谋划策，提议用金银珠宝贿赂冒顿单于的阏氏。

冒顿单于与阏氏（妻子）在大帐内饮酒。

刘邦的使臣手持旌节，奔赴匈奴大帐谈判。

白登之围

山西白登山，公元前200年

公元前200年，匈奴冒顿单于趁楚汉之争后汉朝国力较弱之际，率军越过长城，侵入汉朝北部。汉高祖刘邦亲自率兵抗击匈奴，却在长城脚下轻敌冒进，被围困在平城（今大同）附近的白登山，后采纳了谋士陈平的计策才勉强解围。白登之围后，汉朝主要以和亲和提供大量物资的方式笼络匈奴，维护边境安宁。

双弧盾牌大多为皮木复合材质，表面涂漆，常配合短剑使用。

数一数，这段长城上有几座敌台？

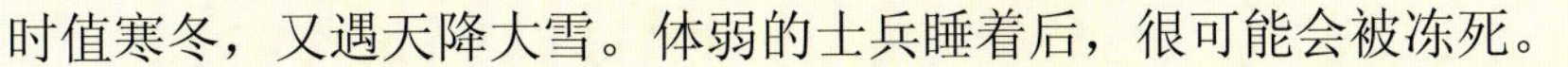

时值寒冬，又遇天降大雪。体弱的士兵睡着后，很可能会被冻死。

被匈奴大军围困了七天七夜的汉军士兵自知凶多吉少，写家书与亲人告别。

摔跤在古代称作角抵，有助于提高士兵近身作战的能力。

驻守烽火台和城障的戍卒是最重要的兵种。除此之外，居延塞还有负责水利的治渠卒和负责农耕的田卒等兵种。

跳远在古代称作曲踊，跳高在古代称作距跃。

一个参赛者摔下了马。你能找到他吗？

烽架
烽索（起落横木）
居延塞城障
督练官
负重训练
赛马
烽竿
横木（上下摆动）
踢毽子
居延汉简
编火笼
摔跤
跳高
戍卒
辘轳（驱动烽索）
火石及火镰
叼羊
跳远
马矢涂
骑射
较高的烽火台上砌有台阶
土坯
芦苇层
神龛
柴火
仓卒
养卒
军中乐师
下层可住人或堆放杂物

烽火台是用于燃烟放火、传递信息的高台，上面有释放信号用的烽架。

在墙体中交错铺垫红柳枝、芦苇等韧性较强的植物，可以起到加固的作用。

拔河在古代称作钩强，可用于训练士兵的力量和团队协作能力。

天田由细沙铺成，如有人员进出，会在细沙上留下痕迹。

边塞运动会

内蒙古居延塞，公元前99年

居延塞是汉武帝时期为保卫河西走廊而修筑的长城，由城障、烽火台、塞墙等组成，是汉朝防御和进攻匈奴的基地。公元前99年，一场大型秋射（军事运动会）在居延塞举行。参赛将士们在烽火台下进行赛马、摔跤、骑射等比赛，在烽火台上执勤的戍卒为参赛者鼓劲呐喊。

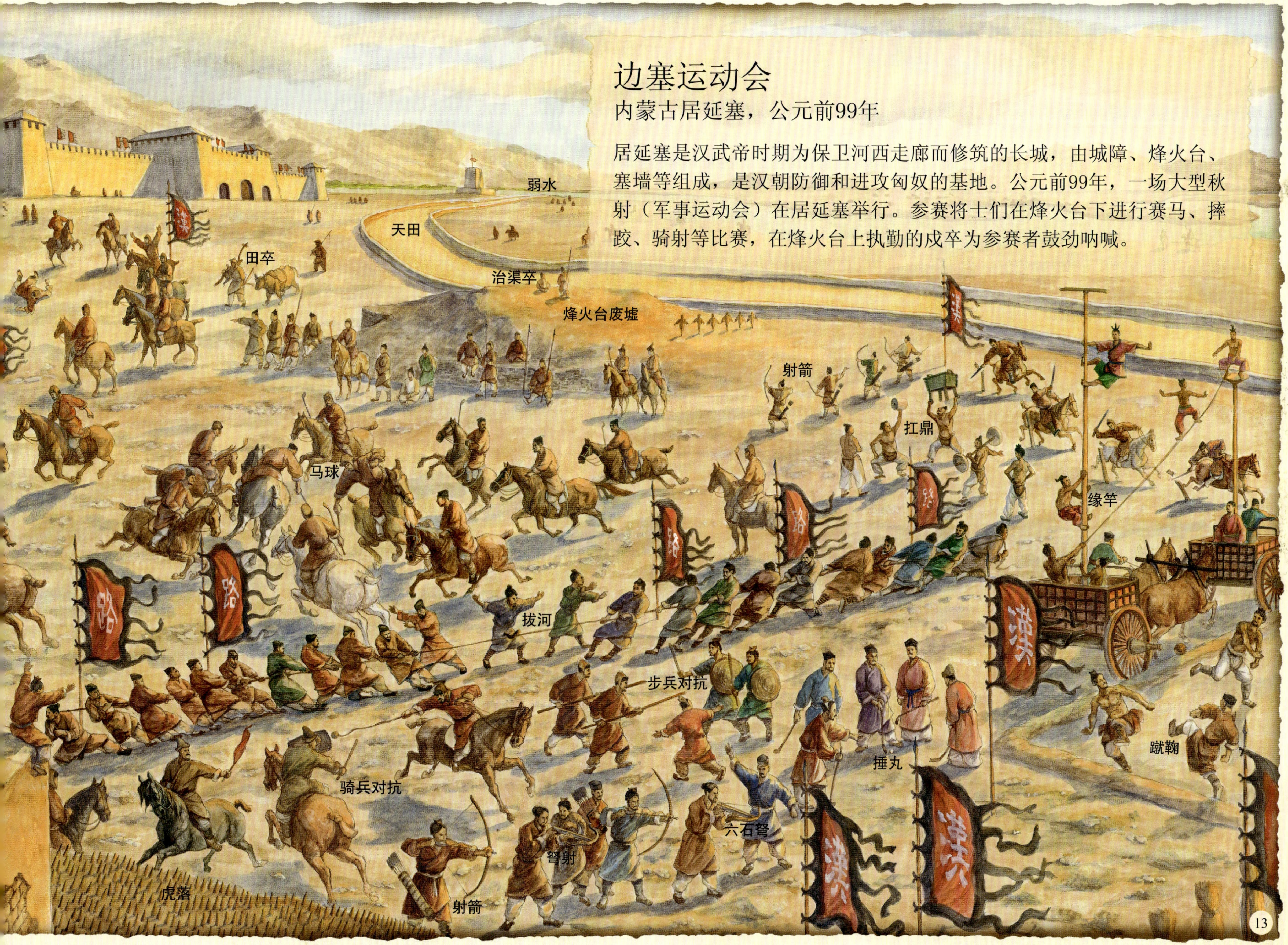

当时的人们在竹片编连成的简牍上书写文字。

你能找到那个正在走绳的人吗？

烽火台墙外的地面埋设有阻挡敌人接近和偷袭的尖木桩，称为虎落。

蹴鞠是中国古代的踢球运动，也是一种练兵的方法。

龟兹佛塔是用黄土和砾石逐层夯筑而成的，带有典型的古印度风格。

克孜尔尕哈烽燧矗立在悬崖边，是守卫龟兹城的前哨。“克孜尔尕哈”在突厥语中的意思是“红色哨卡”。

烽燧下的“泼水节”

新疆克孜尔尕哈烽燧，629年

长城防御体系在新疆没有连续的墙体，取而代之的是烽燧线、城障和驿站等防御设施。克孜尔尕哈烽燧就是长城在新疆的组成部分，起到保护丝绸之路的作用。629年，唐朝高僧玄奘前往天竺（古印度）取经途中路过西域的龟兹国，恰好赶上盛大的宗教节日——行像节。节日期间，龟兹的男女老少跳起欢腾的乞寒舞。乞寒舞曾传入中原，与云南和东南亚地区的泼水节也有渊源。

僧人们用四轮车载着一尊巨大的佛像，缓缓驶向城门。

一匹马正在喝水。你能找到它吗？

西域的气候炎热干燥，当地人用跳乞寒舞的方式祈求山中多降雨雪，以保来年水源充沛，农牧业丰收。

玄奘是唐朝的高僧，俗称“唐僧”。他赴天竺取经游历的故事在中国家喻户

龟兹乐舞中常使用轻柔翩飞的披帛和摇摆于胸前的缨络等道具和装饰物。

碗舞是带有杂技表演性质的龟兹舞蹈，使用碗、盘子等道具。

临时搭建的木棚
龟兹王后
望楼
半圆形垛墙
覆钵体佛塔
城门
龟兹城
欢迎队伍
随从
高句丽贵妇
碗舞
披帛
横笛
箜篌
琵琶
卫兵
胡腾舞
泼水
打水
扈从
吊桥
铜壶

宫女们从城楼上撒下五彩缤纷的花瓣。

你能找到那个踩着梯子在护城河中打水的人吗？

龟兹国王摘下王冠，赤脚来到城外迎候玄奘，以示虔诚。

羯鼓两端粗腰部细，两面皆蒙有用公羊皮做的鼓皮，在一些大型乐舞中起指挥和领奏的作用。

外壕是在边堡外围挖掘的壕堑，用于阻挡敌军战马。紧贴外壕的是副墙。

完颜宗弼一边监督施工，一边加紧操练骑兵。

草原上的战壕

黑龙江金界壕，1138年

为了抵御蒙古骑兵的旋风式进攻，世居东北的女真人修筑起名为金界壕的军事防御工程。金界壕是金代长城的组成部分，由深堑与高墙组合而成。1138年，金朝大将完颜宗弼（兀术）被派往金蒙边界监督修筑界壕，大批战俘被迫前往边界服劳役。为激励将士抵抗频繁来袭的蒙古骑兵，完颜宗弼举行了萨满祭祀仪式。

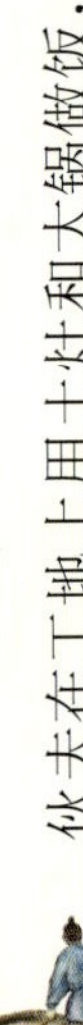

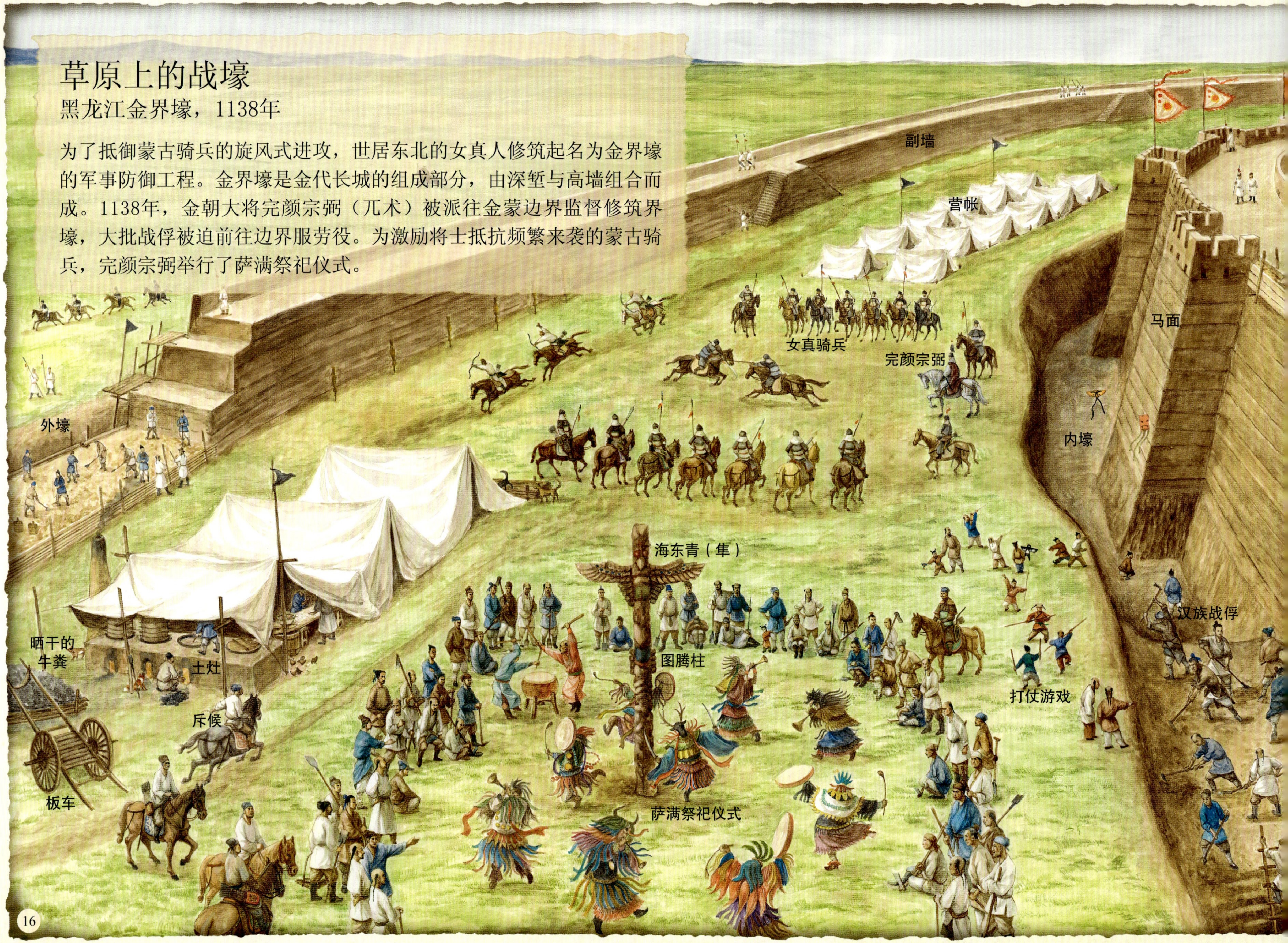

伙夫在工地上用土灶和大锅做饭，经常需要站在灶台上翻炒。

有几个孩子在放风筝。你找到他们了吗？

副墙

营帐

马面

女真骑兵

完颜宗弼

外壕

内壕

海东青（隼）

汉族战俘

晒干的牛粪

土灶

图腾柱

打仗游戏

斥候

板车

萨满祭祀仪式

图腾柱是萨满教的神柱，上面雕刻着萨满教崇拜的神祇。

萨满举行仪式时，身穿缀有布带、皮带、铜镜和腰铃等器物的服饰，手执萨满鼓，边唱边舞。

晒干的牛粪可以用来生火。

边堡是界壕内侧用于屯兵设防的堡垒。边堡外墙上加筑有探出墙外的马面，四角建有角楼。

毡包拆装和搬运便捷，是游牧民族为适应游牧生活而创造的居所。

你能找到那个随地大小便的人吗？

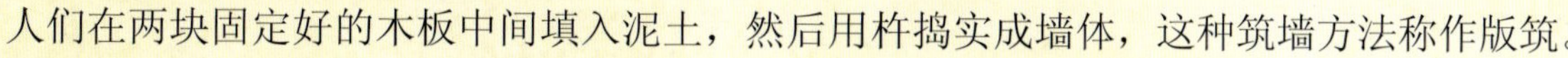

人们在两块固定好的木板中间填入泥土，然后用杵捣实成墙体，这种筑墙方法称作版筑。

主墙墙体用从内壕中挖出的土夯筑而成。

勒勒车是蒙古人特有的运输工具，车厢连接、拆卸方便，也被称作“草原列车”。

军堡四周筑有防御城墙，里面驻扎着守卫边关的军队。

千里迢迢赶来做生意的西域人，在空地上搭建起临时帐篷。

拱卫京师的大工程

北京居庸关，1571年

北京周边是明朝的国防前线。这段长城的质量和布防密度极高，是拱卫京师的巨型工程。居庸关是长城的重要关口。1571年，明朝开放边关，与蒙古人进行贸易。抗倭名将戚继光此时调任京师，负责整修长城。用砖砌成的长城防御能力更强。

你能找到那只迷路的猪崽吗？

汉族人结婚后的第三天，新婚夫妇会回妻子的娘家探亲，这种习俗叫作回门。

居庸关云台的券门内外装饰着表现藏传佛教内容的精美浮雕。

建造长城的砖一般是在这种地下砖窑中烧制的。

砖出窑前的最后一个步骤是向窑顶浇水，使砖变成灰色，并且更加坚固。

粉碎后的黏土需要过筛，除去里面的粗粒土、碎石、枯枝烂叶等杂质。

将稠泥填入木框模具中，并用铁线弓刮平，制成砖坯。

守关士兵在敌台下的空地上操练。

戚继光被调到北部边境对抗鞑靼人。镇守北方期间，戚继光还整修了长城，建造了许多空心敌台。

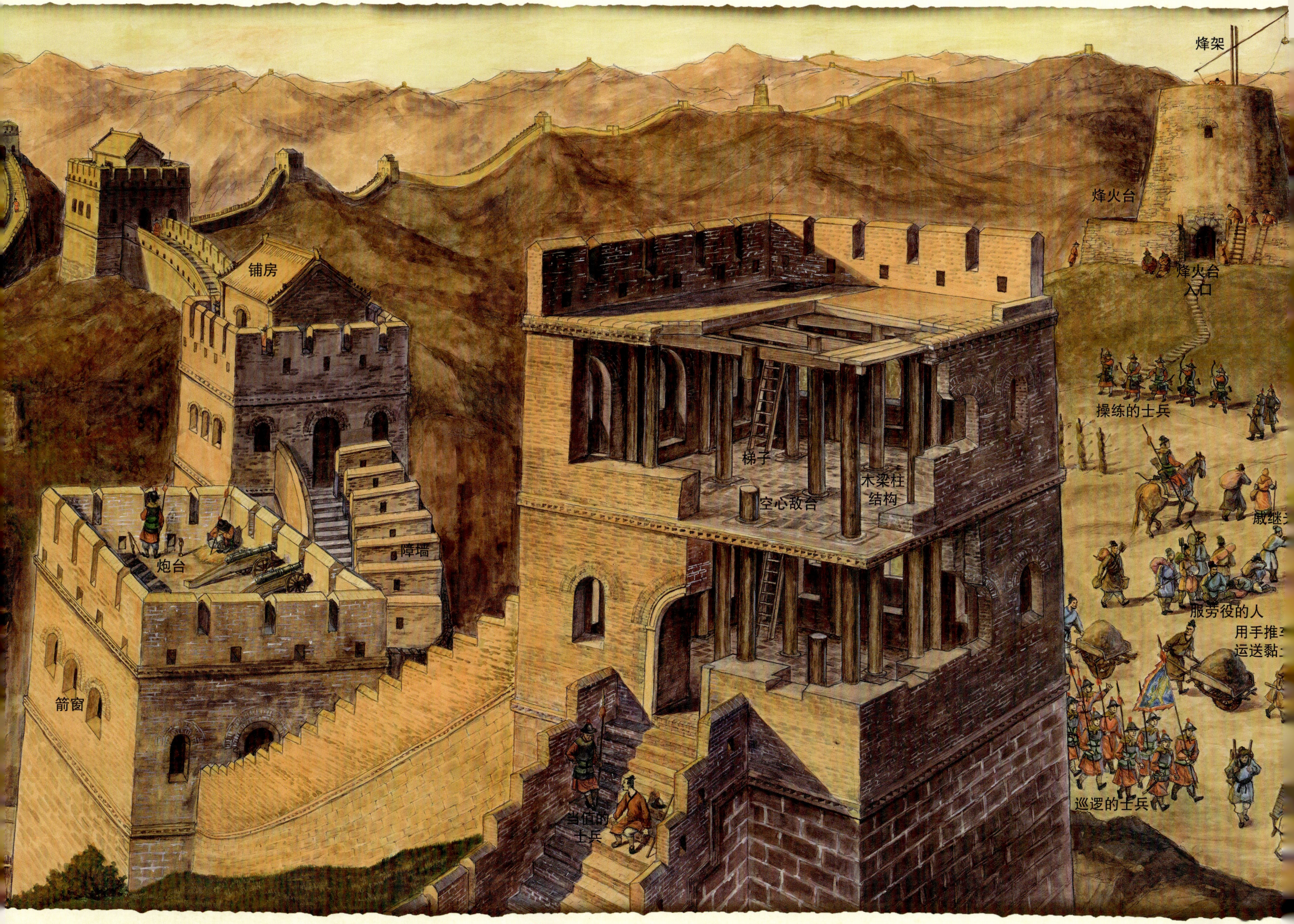

烽架

烽火台

烽火台入口

铺房

操练的士兵

梯子

木梁柱结构

空心敌台

障墙

炮台

服劳役的人

箭窗

巡逻的士兵

当值的士兵

长城外侧的齿状墙体叫作垛墙，内侧的非齿状墙体叫作女墙。

内部中空的敌台能更好地为士兵提供庇护，也适合存放作战物资。

谈成生意的两拨人聚在一起喝酒庆祝。

镇北台是一座平面近似正方形的瞭望台，共四层，可供居高临下观察敌情和互市情况。

买家通过看牙口来判断马的年龄。

镇北台
醉鬼
酒坛
毡包
粮囤
毡包
搬运粮食
皮货
勒勒车
铁匠铺
试骑
巡查官员
打铁
炼铁炉
密探
卖牛
拾粪的
老人
风箱
钉马掌
贩卖粮食
乞讨的
老人
待售马群
饭铺
阿拉伯商人
的帐篷
豪饮的
蒙古人
乞丐
酪丹子
蒙古商人
阿拉伯铜壶

有两匹马打了起来。你能找到它们吗？

汉族商人正在展示自己的丝绸，他想用丝绸换取阿拉伯商人的地毯。

为了延缓马蹄的磨损，人们会给马钉上马蹄铁。

柿子在中国北方是常见的水果，也可以晾干后制成柿饼食用。

障墙是垂直于垛墙的防御短墙，大多出现在地势非常陡峭的地方。

粮囤是用垫子、席子等编织物围成的，里面盛着粮食。

皮毛工匠用多道工序对动物的皮毛进行加工，然后把它们卖给达官贵人。

密探伪装成商人，在帐篷里偷偷交换情报。

盐商将食盐运往指定的销售地点。

瞭望台下的边境贸易

陕西镇北台，1610年

从明朝中期开始，蒙汉互市频繁。为了保卫边镇安全，1607年，明朝在陕西红山山顶修筑起长城上最大的瞭望台——镇北台，用于观察敌情和互市情况。互市是长城两侧的人们进行的边境贸易活动，汉、蒙、回鹘、女真等民族都是互市的参与者。建成后的镇北台居高临下，守卫着热闹的自由贸易城池——易马城。

兽医正在给一头生病的牛看病。

你能找到那队从镇北台下经过的行脚僧吗？

角楼

款贡城

城楼

城门

夯土城墙

哨楼

城门

易马城

士兵

待售羊群

砖砌垛墙

装卸木材

夯土城墙

牛车

求医的阿拉伯人

单峰驼

卸下货物的骆驼

条石墙基

兽医

待售牛群

盐商

鞍具

鞍具

恶霸

马车

巡逻的士兵

在地上打滚儿能让马放松和伸展身体，有益健康。

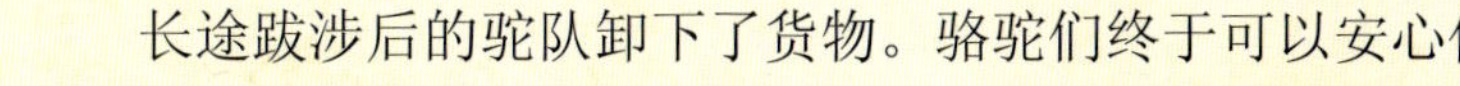

长途跋涉后的驼队卸下了货物。骆驼们终于可以安心休息了。

清军不但骑兵勇猛，炮兵也十分有威力，他们的火炮多数是从明军处缴获的。

威远城是位于关城东边的一座哨城，吴三桂在这里向多尔衮借兵。

从欧洲传入的红衣大炮威力巨大，是吴三桂的炮兵守卫关城的利器。

水关是借助河流、湖泊等设置的关隘，由大条石构筑而成。南水关的墙体下方有疏导河流的水门。

镇东楼是关城东门上的城楼，兼具箭楼的功能，屋檐正中悬挂“天下第一关”匾额。

东罗城面向关外，是拱卫关城的堡垒，城中驻扎着军队。

钟鼓楼是关城中心的重要建筑物。平日敲钟报时，战时击鼓预警。

递运所是明朝设立的运送官方物资及军需的机构。

将台是军队统帅阅兵和点将出征的地方。

靖卤台是明长城唯一的海中敌台，王受台则是一座滨海敌台。两座敌台对海湾形成钳状封锁。

山海关大战

河北山海关，1644年

山海关是明长城东端的重要关隘，位于辽西走廊最狭窄处，是连接华北平原与东北平原的交通咽喉。山海关拥有关城与长城墙体连为一体的最完整的军事防御工程体系，被誉为“天下第一关”。1644年4月，在山海关长城发生了一场引发朝代更迭的大战。清摄政王多尔衮率领八旗军与明总兵吴三桂联合，在山海关击溃李自成率领的大顺军。此战之后，清军乘势进入北京，入主中原。

日本战国时代结束后，德川幕府实行锁国政策，还时常派人刺探明朝的动态。

你能找到那个正在过河的传令兵吗？

用碎石堆砌的防波堤可以阻挡海浪的拍击，起到保护入海石城地基的作用。

老龙头长城是明朝大将戚继光于1579年向海中增筑的一段长城，犹如龙头伸入大海。

南翼长城连接山海关关城与老龙头长城。从地图上看，它的形状像一把弯向关外的弓。

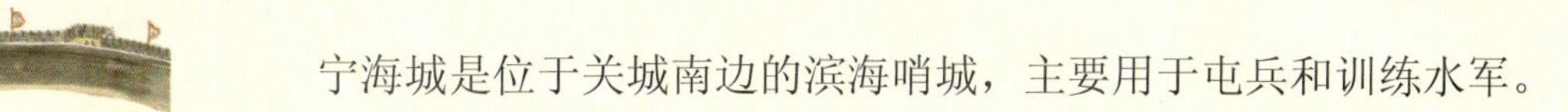

宁海城是位于关城南边的滨海哨城，主要用于屯兵和训练水军。

孟姜女庙
在关外待命的清军
南翼长城
伙房
南门
传令兵
清军骑兵
镶白旗
准备第二轮冲锋的清军骑兵
多铎
阿济格

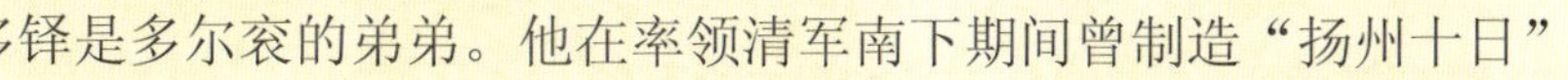

多铎是多尔衮的弟弟。他在率领清军南下期间曾制造“扬州十日”。

清军统帅多尔衮在山海关前线督战。他谋勇兼备，是山海关大战的最终胜利者。

城桥下有九座水门。它的形制与城墙相同，又具有桥梁的作用。

九门口长城旁的山上有一条隧道。士兵们可以通过这条暗道去往关外，突袭敌人。

长城第一桥

辽宁九门口长城，1644年

九门口长城地处山海关以北的燕山余脉，是山海关后防线上重要的水关关口。九门口城桥横跨九江河，连接两岸的长城墙体。城桥长约100米，桥下有九座水门，河水从水门流过的场景奇丽。1644年4月，驻守九门口的吴三桂军与关内的大顺军在这里打了著名的“一片石大战”。

敌台
老牛山
隧道
围城
夯土墙芯
包砖墙面
券洞
吊运物资
券洞
射孔
城桥
水门
捕鱼
渔网
一片石
密探
渔船

围城俗称水牢，位于城桥两端，内侧底部有券洞。券洞连通城墙外侧的射孔。

数一数，城桥上有几门红衣大炮？

城桥下的河床上铺有一大片条石，条石之间以燕尾形腰铁连接，称为“一片石”。

假扮成渔民的密探准备向城桥放火，扰乱守军。

阿济格是多尔衮的哥哥。他骁勇善战，但缺乏谋略。

正白旗是满洲八旗上三旗之一，镶白旗因白色镶红边而得名，为下五旗之一。当时两旗均由多尔衮率领。

澄海楼

滨海城墙

龙武营

把总署

将台

宁海城

吴三桂旗

多尔衮

夯土墙芯

包砖墙面

马道

热油

油

礌石

正白旗

滚木

礌石孔

清军骑兵

清军骑兵

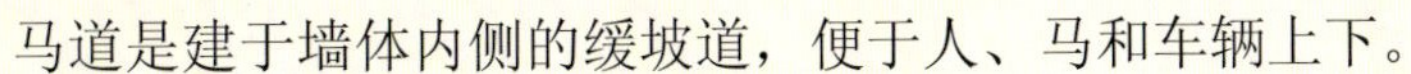

马道是建于墙体内侧的缓坡道，便于人、马和车辆上下。

滚木是一种防御用的圆木。作战时将其从城墙或山上推下，可打击下方的敌人。

李自成是明末农民起义领袖。明朝覆灭后，他又率领大顺军攻打据守山海关的吴三桂。

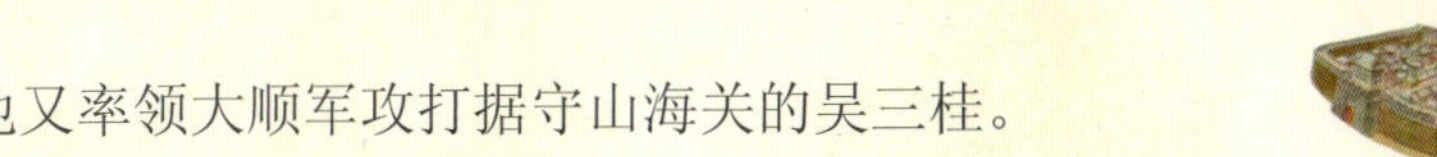

西罗城面向关内，主要为生活居住区域，因此不重点设防。

士兵家属们紧张地围坐在炕桌旁，为战场上的亲人担忧。

你能找到在南翼城中玩骑马打仗游戏的孩子们吗？

敌台
北翼城
清军
北水关
威远楼
北门
显功庙
养济院
山海仓
清军
清真寺
粮库
西门
三清观
瓮城
关帝庙
西罗城
龙王庙
拱宸门
吴三桂军
夯土城墙
条石墙基
闯王旗
刘宗敏
李自成
吴三桂
明太子
朱慈烺
吴三桂父亲
吴襄
大顺军
李自成旗
逃兵

瓮城也叫月城，是围在城门外的防御性小城。

山海关守将吴三桂往来呐喊冲杀，对他来说这是一场没有退路的决战。

大顺军将领唐通率军队从关内进攻九门口，意图切断吴三桂的退路。

桥墩平面呈梭形，下半部分使用条石砌筑而成，上半部分则为砖砌。

大顺军

兵器库

关城

营房

巡哨船

九江河

条石墙基

铳手

三眼火铳

守军

传令兵

逃跑的士兵

马道

守军将领

步道

拱券

炮兵

桥墩

围城

楼梯口

垛墙

红衣大炮

操作火铳的士兵叫作铳手。

你能找到那个正在用望远镜探察敌情的将领吗？

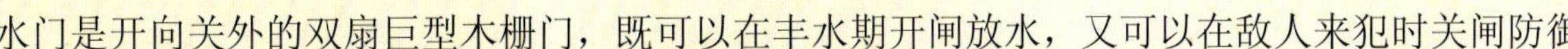

水门是开向关外的双扇巨型木栅门，既可以在丰水期开闸放水，又可以在敌人来犯时关闸防御。

面对大顺军的进攻，守军将领围在一起商讨对策。

光化楼和柔远楼分别是关城东门和西门上的城楼。

迎接探险家的乐队一路上吹吹打打。开路的衙役野蛮地驱赶路上的行人。

游击将军站在府门口迎接从西方来的探险家。

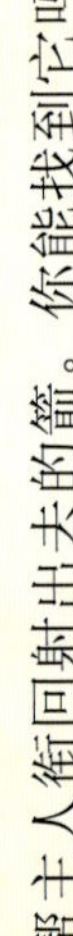

一只狗正在帮主人衔回射出去的箭。你能找到它吗？

祁连山

关楼

柔远楼

角楼

议事厅

刷漆

脚手架

彩绘

瓮城

更房

射孔

扬灰

夯土墙芯

生漆

城门

游击将军府是镇守嘉峪关的游击将军办公和居住的场所。

商人将骆驼拴在面馆门口，准备进面馆吃一碗热腾腾的面条。

剃头凳是一种便携式板凳，它侧面的抽屉里装有理发工具。

汽车对当时的中国百姓来说是一件新奇事物，年轻人好奇地趴在地上寻找它的“嘴巴”。

长城脚下的汽车拉力赛

河北土木堡，1907年

土木堡是坐落在长城内侧的防御堡垒，地处北京至大同的交通要道。1907年，国际汽车联合会举办了一场从中国北京至法国巴黎的汽车拉力赛。这是人类历史上的第一次洲际汽车赛事，来自法国、荷兰、意大利的五支车队参加了这场比赛。参赛车辆在途经土木堡时停留修整，引得当地民众纷纷前来围观这些奇特的“怪物”。

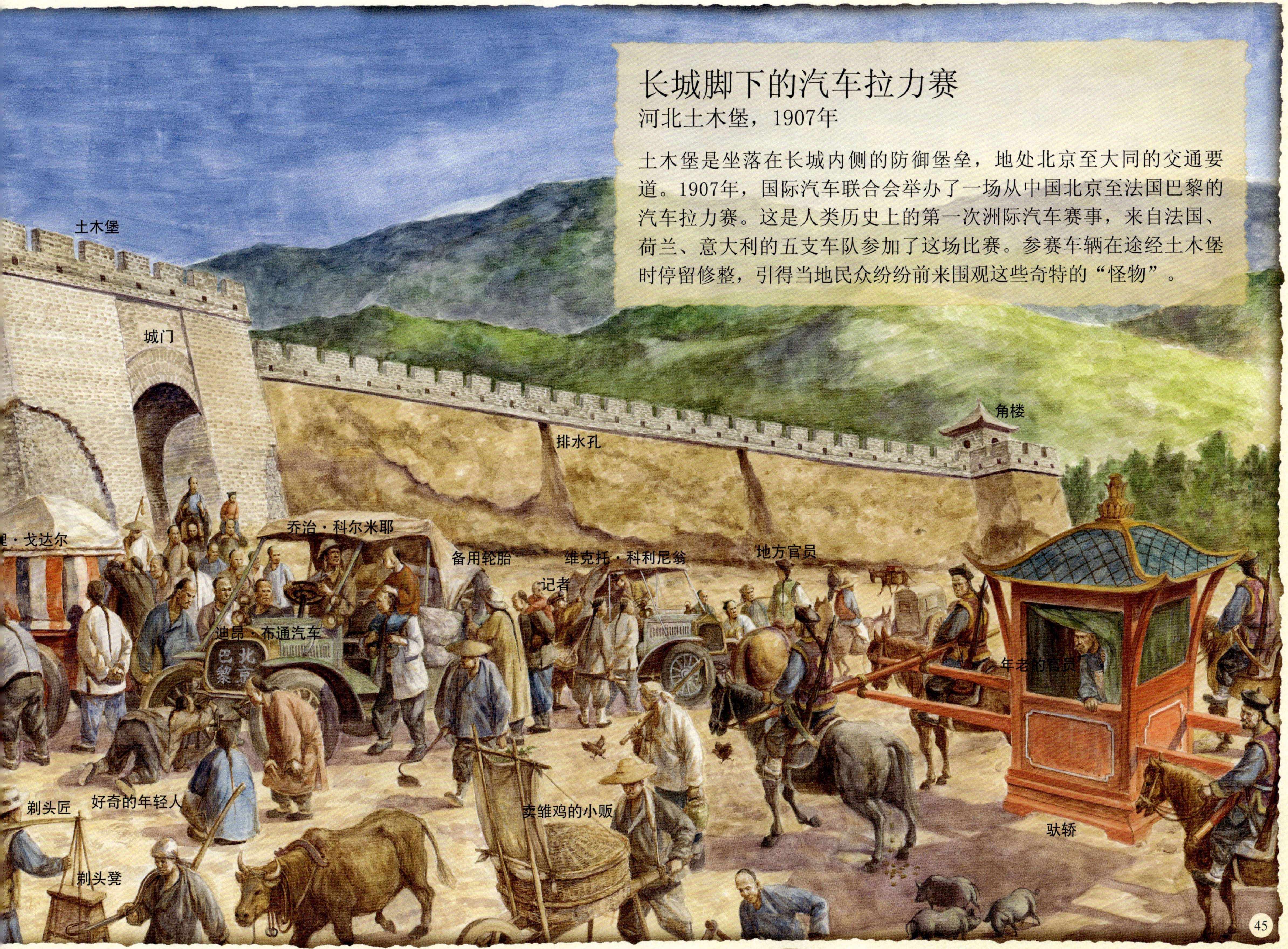

土木堡

城门

排水孔

角楼

里·戈达尔

乔治·科尔米耶

备用轮胎

维克托·科利尼翁

记者

地方官员

迪昂-布通汽车

北京巴黎

年老的官员

剃头匠

好奇的年轻人

卖雏鸡的小贩

驮轿

剃头凳

小男孩骑在爸爸的脖子上，指着方向盘问东问西。

你能找到那个试图推动汽车的人吗？

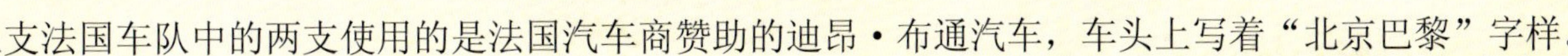

三支法国车队中的两支使用的是法国汽车商赞助的迪昂·布通汽车，车头上写着“北京巴黎”字样。

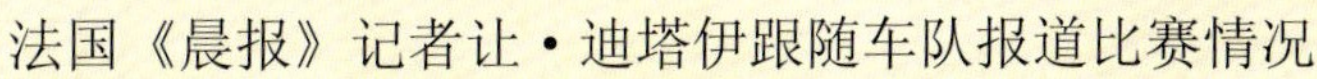

法国《晨报》记者让·迪塔伊跟随车队报道比赛情况。

天险门是雁门关关城的主城门，面向关内。天险门上建有雁楼。

历史上，有很多文人墨客在途经雁门关时留下过诗句，后人将这些诗句刻在了石碑上。

敌台

无人机

雁楼

斗拱

碑林

天险门

杨六郎人形立牌

骑马拍照

骑马

穿古装的工作人员

拴马桩

科签房

正门

东厢房

西厢房

关署

正堂

摄影爱好者

打闹的小孩

游客需要踩着凳子才能爬上马背。这可不是一件容易的事！

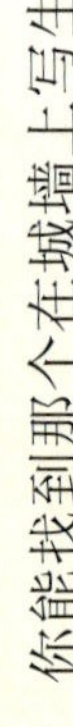

你能找到那个在城墙上写生的画家吗？

游客可以通过杨六郎人形立牌变装，并拍照留念。

保护长城环境需要大家参与，环保志愿者在清理长城上的垃圾。

一支考察队在使用无人机航拍雁门关的全景。

导游绘声绘色地向游客们介绍雁门关的历史。

雁门关的游客

山西雁门关，2022年

雁门关地处华北平原与内蒙古高原的交汇处，是古时候游牧民族南侵的通道，因此一直是历朝历代戍守的要地。雁门关的军事防御工程庞大、严密且复杂。关口位于两座形状如门的山峰之间，且有大雁往来，故称雁门关。现在的雁门关早已失去其军事防御功能，成为游客们争相前往的游览胜地。

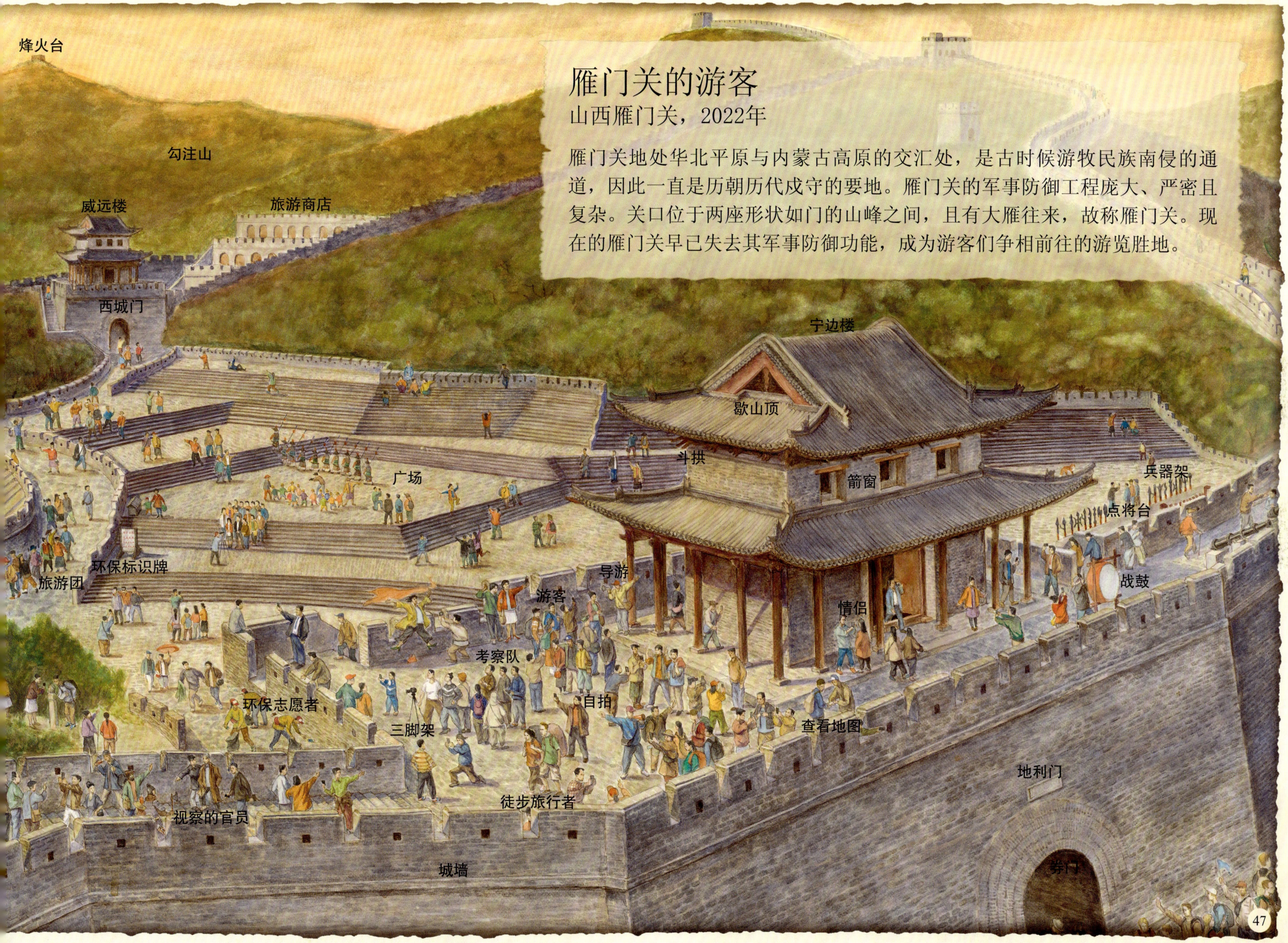

烽火台
勾注山
威远楼
旅游商店
西城门
宁边楼
歇山顶
斗拱
箭窗
兵器架
点将台
广场
环保标识牌
旅游团
导游
游客
情侣
战鼓
考察队
自拍
环保志愿者
三脚架
查看地图
地利门
徒步旅行者
视察的官员
城墙
券门

游客敲响战鼓，感受金戈铁马的古代边关生活。

一队小学生在老师的带领下参观雁门关。你找到他们了吗？

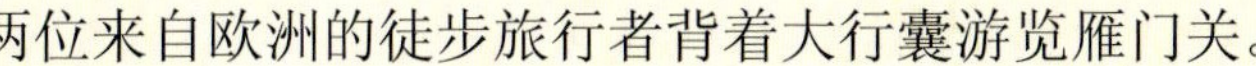

两位来自欧洲的徒步旅行者背着大行囊游览雁门关。

拱券是门、窗、桥梁等建筑物上成弧形的建筑结构。以拱券为结构的门叫作券门。

知识链接

八旗制度 八旗制度是清代满族社会“兵民合一”的特殊组织形式。八旗最初建立时，所有满洲成员都隶属于满洲八旗之下。旗具有军事、行政和生产等多方面职能。清军入关前，八旗兵丁平日从事生产劳动，战时自备军械粮草，参加战斗。其中由皇帝控制的镶黄旗、正黄旗、正白旗为上三旗；由诸王、贝勒统辖的正红旗、镶红旗、正蓝旗、镶蓝旗、镶白旗为下五旗。

正白旗

白登之围 公元前200年冬，汉高祖刘邦亲自率军征讨匈奴。刘邦不顾探敌归来的娄敬的阻拦，轻敌冒进，率领先头部队追击匈奴军队到平城（今大同），结果中了匈奴的诱兵之计。汉军被匈奴大军围困于平城附近的白登山七天七夜。时值寒冬，天降大雪，士兵们断粮断水，饥寒交迫，危在旦夕。后来，刘邦采用谋士陈平的计策，向冒顿单于的阏氏（妻子）行贿，才勉强得以脱险。

饥寒交迫的汉军士兵

百工 百工是古代主管建造和制造的工匠，也泛指从事各种手工业的工匠。百工具有专门技能，主要从事金、石、竹、漆、土、木和纺织等行业。

堡 堡是独立于长城墙体之外，用于屯兵或居住的小城，是长城防御体系的组成部分。

军堡

堡的四周筑有城墙，有军用与民用之分。边堡、军堡、城障、哨城、民堡等都具有堡的性质与功能。

长城 长城是为了抵挡敌人、保护家园而建造的防御长墙，是古代世界各国普遍使用的军事屏障。古代中国、古罗马、波斯、古印度的许多王朝都

长城

修筑有长城这一军事防御体系。中国的长城又称“万里长城”，历代长城遗存总长度超过2万千米。

楚汉之争 秦朝被推翻后，以项羽和刘邦为首的两支反秦武装为争夺统治权而进行了长达四年的战争，即楚汉之争（前206－前202）。楚汉之争是影响中国历史走向的重要战争，暗度陈仓、背水一战、十面埋伏、四面楚歌等成语都是出自楚汉之争时期的典故。

春秋五霸 春秋五霸是指春秋时期（前770－前476）五个势力强大的诸侯国国君。关于“五霸”具体指哪些诸侯国国君，有两种最具代表性的说法：一是齐桓公、晋文公、秦穆公、宋襄公、楚庄王；二是齐桓公、晋文公、楚庄王、吴王阖闾和越王勾践。他们为争夺仆从国而展开政治和军事的角逐以谋求霸主地位。事实上，春秋时期追求并达到这种地位的诸侯国国君不止五位，由于取舍标准不同，故而出现不同的说法。

大纛 大纛是一种古代军队或仪仗中使用的大旗。古代军队中的军旗种类有很多，分别具有指挥作战和识别身份等作用。大纛是竖在将帅身旁的帅旗，指示将帅及大本营的位置，具有稳定军心、提振士气的作用。

大纛

敌台 敌台是突出于长城墙体的高台。它居高临下，便于探察敌情和抵御敌人的进攻。敌台有实心和空心之分，空心敌台可以更好地为驻守士兵提供庇护，并存放作战物资。

空心敌台

斗拱 斗拱是中国古代建筑中的一种结构，位于柱子与横梁之间。其中一层层向外探出的弓形的部件叫作拱，垫在拱与拱之间的方形木块叫作斗。此二者合称“斗拱”。

斗拱

方城 建造于公元前7世纪的楚国长城，当时被称为方城。春秋时期的楚国为了与其他诸侯国抗衡，在北部边境修建了许多方形城和城台，当作关城和敌台、烽火台，再依山修筑城墙，把关城与敌台、烽火台连为一体，构成强大的军事防御体系。因为是利用山地连接河流的堤坊修筑而成的，所以方城又称连堤。楚长城是中国最早的长城。

楚方城

烽架 烽架是烽火台上用于释放信号的一种烽具。烽架的结构包括直立的烽竿、可上下摆动的横木、带动横木的烽索、驱动烽索的辘轳，以及位于横木一端的烽和表等。

烽架

烽燧 烽燧是古代边塞观望和通报敌情的系统。利用烽燧传递信号的规则非常复杂，且不同时代方法亦有不同。一般遇到敌情时，白天燃烟，夜间点火，同时配合升起不同颜色的信号旗和击鼓等手段来传递信息。另外，烽燧也是烽火台的别称，如克孜尔尕哈烽火台通常被称为克孜尔尕哈烽燧。

耕画天田 居延塞的戍卒每天都要耕画天田。“耕画”相当于现在跳远比赛中平整沙坑、刮扫沙面的过程。“天田”则是铺在两道塞墙之间的细沙。耕画天田能让戍卒清晰地看到进出人员在天田上留下的痕迹。

天田

关 关是边境上的出入口，通常设在险要的山口或重要的通道上。长城的重要关口都建有关城，用于军事防御、征收税款和出入境管理等。山海关、嘉峪关、雁门关等都是长城的著名关隘。

关宁铁骑 关宁铁骑是明末清初最强悍的骑兵之一，由明末名将袁崇焕组建。这支骑兵强健剽悍，人数不多，但战斗力却非常强。关宁铁骑名字中的“关”指山海关，而“宁”则代表宁远。

关宁铁骑

规矩 “不以规矩，不能成方圆。”在古代，“规”和“矩”分别是用来画圆形和方形的工具。“规”是圆规，用来画圆形；“矩”是一种直角曲尺，

用来画直角和方形。在现代，人们则将“规”和“矩”放在一起作为一个词语使用，指标准、法则或习惯。

百工手持规和矩

汉长城 汉长城又称外长城，主要为汉武帝时期修筑。汉长城利用自然地形地势作为屏障，建筑材料就地取材，采用石块垒砌、泥土夯筑等方法筑造长城墙体、烽火台和城障等防御工事。在荒漠地区则在夯土中叠加芦苇和柳枝等植物层，起到加固墙体的作用。汉长城是汉朝防御和进攻匈奴的基地，还有屯田养马和保护通往西域的交通要道的作用。

汉高祖刘邦 西汉开国皇帝。刘邦出身农家，早年当过亭长。公元前209年，刘邦参加秦末农民起义，公元前206年率军攻入咸阳，灭亡秦朝。

刘邦

西楚霸王项羽封刘邦为汉王，治理巴蜀及汉中地区。因对分封不满，刘邦发动长达四年的楚汉之争，最终在击败项羽后即帝位，建立汉朝。

汉武帝刘彻 西汉皇帝，16岁即位，在位54年。在位期间，汉武帝着力于开疆拓土，派卫青、霍去病等将领远征匈奴，并修筑外长城，迫使匈奴远徙漠北。他还派张骞出使西域，开辟通往西域各国的丝绸之路。汉武帝对内则加强中央集权，采纳了“罢黜百家，独尊儒术”的建议，使儒家思想成为封建王朝的统治思想。

和亲 古代中原汉族王朝的皇室与边疆少数民族上层之间，为维持和平友好关系而结成姻亲，即和亲。白登之围后，汉高祖刘邦意识到仅凭长城和武力手段抗击匈奴不是长久之计，便将宗室女嫁给冒顿单于，些许缓和了匈奴的侵扰。在此后相当长的一段时期里，和亲成为汉朝笼络匈奴、维护边境安宁的主要手段。王昭君和文成公主都是历史上著名的和亲人物。

红衣大炮 红衣大炮是明朝政府从欧洲引入的一种火炮，最初叫作“红夷大炮”。后因“夷”含有对外族蔑称的意思，为刚入主中原的清朝所忌讳，所以将其改称作“红衣大炮”。

红衣大炮

嘉峪关 嘉峪关始建于1372年，是明长城的西端起点，也是丝绸之路上的重要关口。嘉峪关关城由内城、瓮城、外城三部分组成，城墙主要由黄土夯筑，至今保存完好。关城两翼的长城墙体向北连接悬壁长城，向南连接讨赖河墩。明清时期，嘉峪关关城的出入关制度十分严格，往来人员必须验明身份，由官员验证和签发通关凭证后才能出入。嘉峪关与相隔万里的山海关遥相呼应，有“天下第一雄关”的美誉。

嘉峪关

金界壕 金朝在北方边境修筑的军事防御工程金界壕，是长城防御体系的组成部分。金界壕又称金长城、兀术长城，俗称“成吉思汗边墙”，由壕堑、长墙和边堡组成。外侧为挖掘出的壕堑，壕堑内侧是用土筑起的长墙，界壕后方再设置边堡。与历代修筑在地势险要处的长城不同，金界壕大部分建在平缓的草原地带，容易被风沙掩埋，因此很快被蒙古骑兵攻陷。

九门口长城 九门口长城主要由城桥、一片石、围城、敌台、长城墙体等组成，是明长城重要的水关关口。九门口长城位于山海关北，与山海关相互呼应、支援。跨九江河修筑的城桥设有九座水门，是九门口长城最具特色的组成部分。

九门口长城

居延塞 为了护卫汉朝通往西域的河西走廊，汉武帝刘彻于公元前102年下令在弱水（额济纳河）沿岸修筑城障、塞墙和烽火台，将居延县与南面的张掖郡连接起来。这段防线就是中国历史上最典型的边塞——居延塞。西汉名将霍去病曾绕道居延海，沿弱水一路扫荡祁连山下的匈奴军队。居延塞附近还多次发现汉军遗存的简牍，称为居延汉简。

居延塞

居庸关 居庸关是位于北京西北部的重要关隘，与紫荆关、倒马关合称内三关。居庸关战略位置十分险要，地处北京与关外的咽喉要道。关城夹于高山峭壁之间，易守难攻，是守卫北京的重要屏障。

克孜尔尕哈烽燧 新疆的克孜尔尕哈烽燧建于汉代，由泥土和柳枝叠加夯筑而成，顶部有裸露的木头，可能是木结构望楼的残留物。它从底部往上逐渐缩收成梯形，高约13米，是丝绸之路烽燧线上保存最完好的一座烽火台。“克孜尔尕哈”一词源自突厥语，意思是“红色哨卡”。

老龙头长城 老龙头长城坐落于渤海之滨，是山海关长城之首。它由入海石城、靖卤台、澄海楼、宁海城、王受台等防御工事组成。入海石城是老龙头长城探入海中的部分，也是其端点。

老龙头长城

李自成 明末农民起义领袖，起初为“闯王”高迎祥的部下。高迎祥死后，李自成继承了其“闯王”的称号，并率领起义军攻占北京，推翻明朝统治。随后，李自成又率军攻打吴三桂据守的山海关，结果被吴三桂军与清军联合击溃。

李自成

马矢涂 马矢涂是用马粪与泥混合成的泥浆，常见于西北地区的汉长城防御建筑物表面。这种含有未消化的草根的泥浆干燥后表面光洁，不容易开裂，能减少风沙对建筑物的侵蚀。

旄节 旄节由一根长竹竿和装饰在上面的牦牛尾组成，是古代使臣出使时手中所持的信物。

孟姜女 民间传说中的人物，原型为春秋时齐国杞梁之妻。相传秦始皇时，孟姜女与逃役回乡的青年范喜良成亲。两人成亲后不久，范喜良就被抓往北方修筑长城，后因饥寒劳累而死，尸骨被埋在

孟姜女

长城下。孟姜女身背寒衣，历尽艰辛，万里寻夫来到长城边。她在长城下痛哭三天三夜，最终哭倒长城，找到了丈夫的尸骨，并把尸骨带回家乡安葬。

明长城 为抵御北方游牧民族的侵扰，明朝利用历代遗留的长城修筑出明长城。明长城是规模最大且保存最完整的长城。它东起辽宁鸭绿江畔，西至甘肃嘉峪关，全长6300多千米。明长城的建筑材料和修筑技术较历代有很多改进。明朝对长城的防守

和管理也更加规范化，将长城划分为九个防守区段，称为“九边”，并为每边设镇驻守，即九边重镇。

冒顿 秦汉之际的匈奴单于和军事统帅。冒顿单于统一了北方草原，建立起强大的匈

冒顿单于和阏氏

奴国。公元前 200 年，冒顿率军引诱汉军至平城（今大同），用 40 万骑兵将刘邦围困于白登山，后屡次串通汉朝叛将，袭扰汉朝边郡。公元前 198 年，冒顿单于与汉朝和亲，匈奴的侵掠才稍有缓解。

南翼城 山海关地处山海之间的一片狭长平原，关城向南不远处修筑有南翼城，主要用于驻兵和存放兵器、粮草，通过长城墙体分别与关城和老龙头长城相连。南翼城内的驻兵平时操练、种地，战时固守和支援关城。关城北面另有一座北翼城，其规制和功能与南翼城相仿。

南翼城

女真 女真是中国东北的古老民族。女真人擅长骑射，信奉萨满教。1115 年，女真完颜部首领阿骨打建立金朝。金灭亡了辽和北宋，并与南宋长期对峙，但终究被蒙古与南宋联军所灭。之后女真各部不断迁徙发展，最终被建州女真首领努尔哈赤统一，并建立后金（清朝的前身）。努尔哈赤死后，清太宗皇太极将女真族名更名为满洲。

戚继光 明朝名将。戚继光率领明军在沿海地区抗击倭寇多年，战功卓著。他注重练兵，钻研兵法，还善于军事工程。调任京师后，戚继光改造和加固了长城墙体，并建造了上千座空心敌台，将明朝的北方边防整治一新。

戚继光

齐桓公 春秋时期齐国国君，姓姜，名小白，公元前 685－前 643 年在位。齐桓公任用管仲为相，整顿内政，使齐国的国势日益强盛。齐桓公以东方诸侯国盟主的身份多次举行盟会。在春秋五霸中，齐桓公最先称霸，霸业也最为显赫，是五霸之首。

齐桓公伐楚 齐桓公的夫人蔡姬被送回蔡国后私自改嫁。齐桓公先是率领诸侯国联军击溃蔡国，随后又去攻打为蔡国撑腰的楚国。楚成王派使臣屈完去与齐桓公交涉，齐桓公邀请屈完同乘一辆战车检阅军队。屈完对齐桓公说：“楚国有方城作为城墙，有汉水作为护城河，您的兵马虽然众多，但也没有施展的空间。”齐桓公见状只得收兵，并与楚国缔结盟约。

齐桓公伐楚

秦长城 公元前 214 年，秦始皇遣大将蒙恬北逐匈奴并修筑长城。秦长城是在战国时期秦、赵、燕三国长城的基础上连接、增建而成的。它西起甘肃临洮，东至鸭绿江畔，蜿蜒万余里，故称“万里长城”。其中固阳段秦长城修筑时就地取材，墙体多为黑褐色石片交错叠压垒砌而成，至今保存完好。此段长城的部分墙体上还刻有岩画，见证了游牧文化与中原文化的碰撞与交融。

秦长城的修筑

秦始皇 秦朝开国皇帝，姓嬴，名政。公元前 230－前 221 年，秦王嬴政先后灭韩、赵、魏、楚、燕、齐六国，建立了中国历史上第一个统一的中央集权制国家——秦朝。为了炫耀自己的功业和建立权威，嬴政创立“皇帝”尊号，自称始皇帝。秦始皇废除分封制，改行郡县制，并统一全国的度量衡和货币，实行“书同文”“车同轨”，还北击匈奴，修筑长城。

龟兹 龟兹是以库车绿洲为中心的古代西域城国。龟兹在汉唐时期是西域的强国，曾归属于匈奴和突厥，唐太宗统治后期归顺唐朝。唐朝在龟兹设置安西都护府，管辖安西四镇。龟兹人信奉佛教，制作出大量佛教艺术品。他们还能歌善舞，拥有种类繁多的乐器，对中国民族音乐的影响深远。

龟兹城

弱水 河西走廊内流河黑河的下游。黑河源自祁连山脉的冰川融雪，流至居延海盆地后称弱水，又称额济纳河。弱水在今内蒙古额济纳旗的土地上形成居延绿洲。汉朝沿弱水建设边塞，在居延地区屯田并引弱水灌溉，使绿洲变为耕地。耕地被废弃后土地逐渐沙化，弱水下游断流，居延海干涸。此外，“弱水”一词也常出现于中国古代神话传说中，指险恶、遥远的江河湖海。

萨满 “萨满”一词在满—通古斯语中的意思是“激动不安或疯狂乱舞的人”，是对萨满教巫师的称呼。萨满教是一种遍布亚欧北部的原始宗教信仰。而萨满则被认为是人与神的中介，可以传递神的旨意。萨满教在女真人的生活中占有重要地位，女真人相信萨满的仪式可以治病消灾，带来农牧丰收，帮助战士取得战争胜利。

萨满祭祀仪式

山海关 山海关北依燕山，南临渤海，地处辽西走廊的西端，是从华北通往东北的咽喉要道。山海关是由关城、罗城、翼城、哨城等七个堡垒组成的城防建筑群，其中关城为整体城防的核心。山海关是历史上的兵家必争之地，素有“两京锁钥无双地，万里长城第一关”之称。

山海关西罗城

土木堡 土木堡是一座位于河北怀来的明代堡垒，地处长城内侧的交通要道，是明长城防御体系的组成部分。城墙内部夯土，外部包砖。明英宗曾在这里被瓦剌军俘虏，史称“土木之变”。

土木堡

完颜宗弼 金朝皇族名将，女真名兀术，曾参与灭辽和攻宋，是韩世忠、岳飞等南宋名将的老对手。1141 年，完颜宗弼利用南宋宰相秦桧解除韩世忠、岳飞等大将的兵权并杀害岳飞，迫使南宋向金称臣，并签定“绍兴和议”。

围城 围城俗称水牢，位于城桥的两端，既是桥头堡又是

九门口城桥围城

九江河的封锁口。它突出于城桥两端，拥有垛墙、射孔等防御设施，与城桥上的火力配合，可以有效地杀伤来犯之敌。

吴三桂 明宁远总兵。吴三桂在率军入京勤王途中得知都城陷落，于是退守山海关。他本想归顺李自成，但得知大顺军严刑拷打自己的父亲吴襄，爱妾陈圆圆被李自成部下刘宗敏霸占，因此拒绝投降。之后，吴三桂向清军求援，迎清军入关，并合力击败李自成的大顺军。

歇山顶 歇山顶是中国古代建筑中的一种屋顶样式，有单檐和重檐之分。重檐歇山顶的等级高于单檐歇山顶。

重檐歇山顶

匈奴 中国古代北方游牧民族。春秋时期，在今山西北部、内蒙古西部、蒙古国、南西伯利亚境内等地广泛分布着众多古突厥语族游牧部落，并于战国晚期逐渐形成较巩固的部落联盟。联盟的首领称为单于，常率领日益强盛的联盟骑兵侵扰赵、秦、燕三国边郡。为此，赵、秦、燕三国修筑起长城，以抵御匈奴。秦末汉初冒顿单于在位时，建立匈奴国。

玄奘 唐代佛教高僧、旅行家和佛经翻译家，是《西游记》中唐僧的人物原型。贞观初年，玄奘从唐朝都城长安出发前往天竺（古印度）求法。他途经西域各国，历尽艰辛，最终抵达摩揭陀国王舍城，进入当时印度佛教的中心那烂陀寺，学习各类论典，并游历古印度各国。玄奘西行求法往返历时 17 年，返回唐朝后翻译佛教经论数十部，成为众人敬仰的高僧。

玄奘

雁门关 雁门关是明长城的重要关隘，与宁武关、偏头关合称外三关。雁门关的军事防御工程主要由关城、瓮城和围城三部分组成，长城墙体沿线筑有敌台和烽火台。关城城墙以条石为基座，内部夯土，外部包砖，并设三座城门。雁门关地处太原与大同间的交通要冲，是历代戍守的要地，这里曾发生过杨家将为国守边疆的故事。

雁楼

扬州十日 清军将领多铎在率军攻打扬州时遭遇顽强抵抗。清军攻占扬州城后，对城内百姓展开屠杀。据说屠杀持续了十天，故名“扬州十日”。

养济院 养济院是中国古代的慈善机构，收容鳏寡孤独。

一片石 九门口城桥下的九江河河床上铺有一大片条石。九江河河底的沙石层极不稳固，为了加固地基并减小水流对桥墩的毁损，明代的工匠们先在河床上钉入木桩，然后在木桩上铺砌石，又在砌石上用 12000 多块条石铺成一片石。一片石的面积达 7000 多平方米，条石之间使用燕尾形腰铁连接。条石紧密相连，因而有了“一片石”之称。

一片石

阴山 阴山的蒙古语名为“达兰喀喇”，意思是“70 座黑山头”。东西走向的阴山是横亘在中国北部的天然屏障。在历史上，中原华夏民族与北方游牧民族进行政治、经济、文化交流，甚至战争，都需要翻越阴山。

云繵和簟绳 云繵和簟绳是古代的测量工具。

云繵和簟绳

战车 战车是在战争中用于攻守的车辆，是春秋时期军队的主要装备。春秋时期，每

战车

辆战车上有三名士兵，按左、中、右排列。左方士兵持弓，负责射箭；右方士兵执戈，负责击刺，并为战车排除障碍；中间士兵负责驾车，只随身佩带短剑。这种乘法可以追溯到商朝。

赵长城 赵长城分南、北两道，其中赵北长城为战国时期赵国国君赵武灵王所筑。赵武

赵长城

灵王推行胡服骑射，使赵国军力大增，击破了林胡、楼烦等北方游牧民族。他还设立了云中、雁门、代三郡，并在这三郡的北部修筑起长城。赵长城多以土夹砂粒夯筑而成，还有些以石块叠砌墙基。

镇北台 镇北台建于 1607 年，位于陕西榆林，是明长城中段的要塞之一。镇北台共四层，由下至上逐层缩小。台体为实心结构，内部夯土，外部砌砖。明朝在榆林设有官市，长城两侧的各族人经常在此进行贸易活动。为了保卫边镇安全，维护边境贸易活动的秩序，明朝在榆林红山山顶建造了镇北台，居高临下观察敌情和互市情况。款贡城紧贴镇北台东侧，是官方边贸洽谈、接待使团、献纳贡品的城池。易马城位于长城内侧，是蒙汉自由贸易城池。

镇北台

其他国家的长城

除本书中描绘的中国长城之外，许多国家也有长城。

希腊长城 公元前 5 世纪，古希腊城邦雅典遭受希波战争的重创之后，在雅典城与重要港口比雷埃夫斯之间建造了两条 8 千米的“长墙”。“长墙”与围绕雅典和比雷埃夫斯的城墙组成的城墙网，在之后的战争中保障了雅典与海上的联系，成为雅典人的“生命通道”。

英国长城 1 世纪，罗马帝国将自己的势力扩展到大不列颠岛。为了抵御大不列颠岛北部的民族，罗马帝国皇帝哈德良下令在苏格兰与英格兰的交界处附近修筑了一条蜿蜒的城墙，称为哈德良长城。哈德良长城西起爱尔兰海，东至北海，全长约 120 千米，横贯整个大不列颠岛。

德国长城 2－3 世纪，罗马帝国为了抵御欧洲大陆北方日耳曼人的侵扰，在黑海沿岸、多瑙河及莱茵河流域修筑了巨大的城墙，称作日耳曼长城。日耳曼长城与哈德良长城都是古罗马长城的组成部分。

伊朗长城 5－6 世纪，腹背受敌的伊朗萨珊王朝为了抵御北方的匈奴人，在戈尔甘地区用砖、砂浆和黏土等材料修筑了一条城墙，称为戈尔甘长城。

朝鲜长城 11 世纪，朝鲜的高丽王朝为了抵御契丹和女真等族的侵扰，修筑了一条“千里长城”。这条长城西起鸭绿江入海口，东至日本海。

印度长城 印度长城实际上是印度西北部拉贾斯坦邦贡珀尔格尔堡的城墙，建于 15 世纪，至今保存完好。

澳大利亚长城 20 世纪 60 年代，为了保护羊群免受澳洲野犬的袭击，澳大利亚修建了一条 5000 多千米长、1.8 米高的栅栏。这是一条独特的“长城”。

穿越时空小游戏

小狐狸红玉在长城上进行了一次神奇的探险。你找到它了吗？一起来看看答案吧。

最早的长城
红玉躲在军队前的草丛中瑟瑟发抖。

秦始皇筑长城
红玉蜷缩在长城脚下为公子扶苏的未来担忧。

白登之围
又饿又冷的红玉想在雪地里找点吃的。

边塞运动会
红玉在烽火台上发现了一处机关。

烽燧下的“泼水节”
口渴的红玉在吊桥旁找到了一盆水。

草原上的战壕
红玉在土灶旁遇见了一位小伙伴。

拱卫京师的大工程
红玉从敌台上的箭窗里向外张望。

瞭望台下的边境贸易
红玉在饭铺旁迷路了。

山海关大战
红玉害怕极了，想要躲进西罗城中。

长城第一桥
可怜的红玉趴在水门上下不来了。

嘉峪关的探险家
红玉躲在城楼上的柱子后看工匠们干活。

长城脚下的汽车拉力赛
红玉想要坐汽车兜兜风。

雁门关的游客
淘气的红玉爬上了屋檐。

生僻字注音

cù jū 蹴鞠
Dá dá 鞑靼商人
dào 大纛
duó 多铎
xuàn 拱券
guān 鳏寡孤独
suì 烽燧
hù 扈从
hú 回鹘
jié 羯鼓
jué 角抵
gāng dǐng 扛鼎
gǎ 克孜尔尕哈
kōng hóu 箜篌
léi 礌石
dùn 粮囤
dàn nǔ 六石弩
lù lu 辘轳
máo 旄节
Mò dú chán 冒顿单于
Qiū cí 龟兹
kān 神龛
qí 神祇
tán 簟绳
tún 囤玉米
wèng 瓮城
xuàn 券洞
yān zhī 阏氏
tán 云繵
lǎng 朱慈烺

索引

插画师

杜飞，出生于中国北京。国家一级美术师，中央美术学院壁画系教授。擅长用写实的造型手法，叙事性的情景构成方式，创作绘制中国历史题材的作品。他的壁画、雕塑、油画等多种形式的作品陈放于中国的博物馆、音乐厅、体育馆、公园、地铁等公共场所。主要作品有《乃服》《泱泱华夏》《北大荒人颂》《老河街》《穿越时空的大运河》。

顾问

威廉·林赛于1987年沿长城进行了2470千米的徒步旅行，并于1990年定居中国，为探索、研究和保护长城做出巨大贡献。他出版过七本著作，策划过十场展览，并通过一系列纪录片向世界讲述长城的故事。